ÉTUDE

SUR LA

Période du 5 au 14 juin

DE LA CAMPAGNE DE 1807

PAR

Le Lieutenant-Colonel MICHEL

AVEC DEUX CROQUIS

BERGER-LEVRAULT & Cie, ÉDITEURS

PARIS | NANCY
RUE DES BEAUX-ARTS, 5—7 | RUE DES GLACIS, 18

1909

Prix : 2 fr.

ÉTUDE

SUR LA

Période du 5 au 14 juin

DE LA CAMPAGNE DE 1807

PAR

Le Lieutenant-Colonel MICHEL

AVEC DEUX CROQUIS

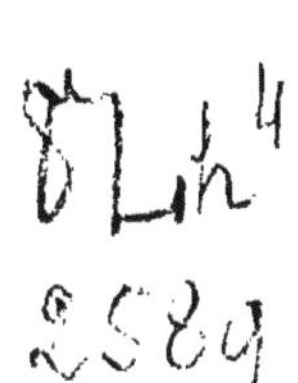

BERGER-LEVRAULT & Cie, ÉDITEURS

PARIS | NANCY

RUE DES BEAUX-ARTS, 5—7 | RUE DES GLACIS, 18

1909

Extrait de la *Revue militaire générale*

ÉTUDE

SUR LA

Période du 5 au 14 juin

DE LA CAMPAGNE DE 1807

COUVERTURE ET DÉTACHEMENTS MIXTES

Dans son remarquable ouvrage : *Enseignements de deux guerres récentes*, M. le général Langlois fait ressortir, parmi les lois générales de l'évolution de la tactique, produites par le perfectionnement des armes à feu, le rôle important que les détachements de couverture, composés de troupes de toutes armes, peuvent jouer à l'avenir, soit au début des hostilités, soit dans le cours des opérations d'une guerre. Il y a quelques mois à peine, à la suite de l'émotion provoquée par l'incident marocain et devant les craintes non chimériques de voir notre frontière subitement violée par l'Allemagne, des discussions passionnées s'élevèrent, tant dans la presse que dans le Parlement, au sujet de la mission à remplir, dans cette hypothèse, par notre corps de couverture.

Il nous a paru intéressant de rechercher, dans les campagnes de l'Empire, des situations dans lesquelles des corps d'armée entiers eurent à opérer, avec une mission analogue à celle de nos grandes unités de première ligne, et où l'Empereur eut l'occasion de faire, avant la bataille, l'emploi de détachements de troupes de toutes armes.

La campagne de 1807, du 5 au 14 juin, nous a paru singulièrement fertile en faits de cette nature et nous nous sommes proposé d'en faire une étude particulière à ce point de vue.

Cette partie de la campagne de 1807 s'étend de la reprise des hostilités de l'armée russe jusqu'à la bataille de Friedland.

Deux périodes bien marquées la distinguent : dans la première, du 5 au 8 juin, Napoléon, dont l'armée se repose dans de larges cantonnements protégés par une forte couverture établie sur la Passarge, semble être surpris par la brusque offensive des Russes; grand nombre d'écrivains militaires affirment qu'il le fut, et cependant, en moins de quarante-huit heures, il est prêt à livrer bataille.

Sous la pression des attaques de l'armée russe entière, les corps de couverture de la Passarge, sur les ordres précis de l'Empereur, résistent et se replient, entraînant Bennigsen dans la direction de Thorn.

Par leur résistance, ils donnent le temps à l'Empereur de rassembler ses autres corps; par leur retraite, ils assurent la manœuvre qui va mettre fin à la guerre.

Napoléon fait de la défensive stratégique, et, bien que sa manœuvre n'ait pas eu tout son développement, puisque son adversaire s'est arrêté à temps, il n'en est pas moins intéressant d'examiner, d'après les résultats qu'elle aurait pu amener, les avantages qu'elle procure au début d'une campagne, en face d'un adversaire résolu soit par tempérament, soit par doctrine, à l'offensive brutale.

D'autre part, elle fait ressortir ce qu'elle exige pour être couronnée de succès : d'abord, des chefs très habiles et très manœuvriers pour diriger les corps de couverture.

Ils doivent, en effet, s'accrocher à l'adversaire, lui céder le terrain sans jamais s'engager à fond, afin de l'entraîner avec eux dans une direction voulue, et reprendre aussitôt la forme offensive par une remise de main énergique s'ils s'aperçoivent que sa poursuite faiblit, de crainte qu'il n'ait laissé devant eux qu'un masque pour se ressaisir.

Certes, des généraux comme Davout, Ney, Soult, étaient bien qualifiés pour jouer ce rôle; mais il est une autre condition non moins essentielle à laquelle il faut satisfaire, c'est que la pensée du général en chef soit connue des chefs de couverture, et, quand ceux-ci n'y ont pas été initiés, les ordres, fussent-ils donnés par le dieu de la guerre lui-même, arrivent trop tard et la manœuvre échoue.

Dans la seconde période, l'Empereur reprend sa forme préférée, l'offensive pure.

Devant elle, l'armée russe, après un moment d'hésitation, se hâte de rentrer dans son camp d'Heilsberg, y soutient presque victorieusement un rude combat, puis, sur la simple menace du corps de Davout porté à Grossendorf sur la route d'Heilsberg à Kœnigsberg, elle abandonne sa position fortifiée et échappe dans la nuit à l'armée française.

Que va faire Napoléon? La poursuivre, achever sa destruction? Nullement. Il la laisse fuir à son aise sur la rive droite de l'Alle. Deux divisions de cavalerie ont seules mission de la suivre, tandis qu'avec toutes ses forces il prend la direction de Kœnigsberg. Un objectif géographique!

Jomini crie : anathème !

C'est que l'armée russe n'a pas encore été battue d'une manière décisive. Napoléon veut une bataille avec elle, il sait qu'en menaçant Kœnigsberg il est sûr de la ramener sur la rive gauche de l'Alle, sur son chemin.

Dix mois auparavant, n'avait-il pas orienté sur Berlin sa marche à travers le Frankenwald, et n'était-il pas fondé à croire que Bennigsen n'avait pas eu le temps de devenir plus habile que le généralissime de l'armée prussienne?

A l'exception de deux divisions de cavalerie, toute l'armée marche sur Eylau et s'y concentre, prête à bondir sur l'armée russe à son débouché de l'Alle. Mais alors, si l'Empereur cherche la bataille, s'il y croit, s'il prend dans l'attente toutes les dispositions pour accabler son adversaire, pourquoi détache-t-il sur Kœnigsberg les corps de Soult, de Davout et la réserve de cavalerie?

Il semble qu'il y ait là violation flagrante du principe de la doctrine de l'économie des forces, car le corps de Lestocq n'exigeait pas 65.000 Français pour être maintenu. Était-ce dans le but de s'emparer des fortifications de Kœnigsberg qu'il envoyait la majeure partie de la réserve de cavalerie, lui qui avait déjà tant prouvé que les forteresses tombent toutes seules quand il n'y a plus d'armée pour tenir la campagne?

Pourquoi alors un détachement aussi considérable au moment où il s'attend à chaque instant à voir l'armée russe déboucher sur la rive gauche de l'Alle ?

Nous nous sommes efforcé de trouver l'explication de cette manœuvre dans la seconde partie de cette étude. A cet effet, nous avons étudié les ordres donnés par l'Empereur dans leur ordre chronologique au fur et à mesure que les événements se sont déroulés ; nous avons essayé de découvrir sa pensée, puisqu'il ne la livrait jamais, même aux meilleurs de ses généraux, et que nous ne saurions la retrouver dans leurs mémoires. Nous n'avons pas la sotte prétention de l'avoir devinée, nous croyons néanmoins présenter une explication rationnelle à cette manœuvre que plusieurs écrivains militaires ont qualifiée de faute.

Mais, indépendamment de la recherche de l'idée directrice, dans le prodrome de la bataille de Friedland, nous nous sommes proposé d'examiner, pendant les journées des 12 et 13 juin qui la précèdent, l'emploi des détachements et corps de couverture, lancés par l'Empereur dans les directions les plus diverses au fur et à mesure que les circonstances et les nouvelles de l'ennemi l'exigent.

Après avoir mal frappé l'armée russe à Heilsberg, Napoléon, ainsi que nous l'avons dit plus haut, laisse cette armée s'échapper sur la rive droite de l'Alle. Dans le but de l'atteindre d'une manière décisive, il se porte avec sa masse sur Eylau, entre Kœnigsberg, Lestocq et Bennigsen. Il est certain de ramener ce dernier sur la rive gauche, il ne sait pas encore où aura lieu la bataille ; mais, en prévision de la manœuvre qu'il préconçoit, il lance contre ces différents objectifs des détachements plus ou moins importants qui ont pour but non seulement de le couvrir contre les entreprises de l'adversaire et de le prévenir à temps de la direction qu'il a prise, mais encore d'assurer l'exécution de ses combinaisons. Certes, l'expression de détachement ou corps de couverture n'était pas en usage à l'époque, mais qu'importe le mot, si la chose y était ! C'est ce qui nous a paru intéressant à mettre en lumière.

PREMIERE PARTIE

DU 5 AU 10 JUIN

Au commencement du mois de juin, l'armée française avait reçu la plus grande partie de ses renforts, elle comptait 178.000 combattants et se trouvait ainsi répartie :

Le 1er corps, sous les ordres de Bernadotte, était à Bravensberg, Spanden et dans les cantonnements en arrière de la basse Passarge.

Il se composait de 23.000 fantassins et de 3.700 chevaux.

Le corps de Soult formait le centre à Liebstadt, Pitthenen, Lemitten, Alken avec 30.000 baïonnettes et 1.300 sabres.

Le corps de Ney occupait Guttstadt et Wolfsdorf sur la rive droite de la Passarge, à cheval sur la route d'Heilsberg à Deppen.

Il comprenait 15.800 hommes d'infanterie et 1.100 de cavalerie.

Dans tous ces corps, des retranchements avaient été solidement établis autour des postes qui pouvaient être défendus.

Des têtes de pont avaient été organisées sur les points que l'Empereur avait jugé utile de conserver sur la Passarge.

La position du maréchal Ney, en avant de Guttstadt, à une journée de marche de l'armée russe, avait été l'objet d'une organisation défensive particulièrement puissante, car elle était l'objectif obligé de Bennigsen, si ce dernier se décidait à sortir de son camp retranché pour se porter sur la haute Passarge.

Derrière cette ligne très forte formant couverture, les autres corps d'armée se reposaient dans leurs cantonnements.

Celui du maréchal Davout, aux environs d'Osterode et d'Allenstein (28.000 baïonnettes et 1.100 sabres).

La Garde impériale à Finkenstein et aux environs (7.300 baïonnettes et 1.800 sabres).

Le corps de réserve, sous les ordres du maréchal Lannes, à Marienbourg (15.000 baïonnettes, 250 sabres).

Le corps du maréchal Mortier, composé d'une division française et d'une division polonaise (environ 14.000 hommes) sur la basse Vistule.

La réserve de cavalerie, sous les ordres de Murat, formée de la division légère Lassalle, des trois divisions de dragons Latour-Maubourg, Grouchy, Milhaud, et des trois divisions de cuirassiers Nansouty, Saint-Sulpice, Espagne, en tout 21.000 chevaux, était dispersée dans de larges cantonnements entre la basse Vistule et la Passarge. Son centre de ralliement était à Preuss-Holland.

L'armée se reliait, vers Ortelsbourg, avec le corps de Masséna dont la mission était de couvrir Varsovie et de prendre une position offensive en face du corps russe de la Narew, afin de lui donner de l'inquiétude et d'empêcher l'ennemi de se dégarnir de ce côté. La droite de ce corps était à Varsovie, son centre à Ostrolenka, sa gauche à Neidenbourg. Il était fort de 36.000 hommes.

Le quartier général était à Finkenstein.

Les dispositions de l'Empereur peuvent se résumer ainsi :

Une couverture de trois corps en face de l'armée russe blottie dans son camp d'Heilsberg, dont les avant-postes sont au contact avec ceux de l'armée française sur la Passarge.

Une couverture d'un corps sur la Narew, avec Masséna pour chef.

La masse (quatre corps) et la réserve de cavalerie établies en larges cantonnements entre la Passarge et la basse Vistule.

L'armée, bien pourvue de vivres qui étaient assurés par des convois réguliers et par une sage et égale répartition des ressources du pays, réparait ses forces en toute tranquillité, bien qu'elle fût au contact de l'adversaire.

Telles avaient été les dispositions prises par l'Empereur pendant la durée du siège de Dantzig, dispositions que toutes les démonstrations de Bennigsen n'avaient pu ébranler et qui étaient maintenues depuis la reddition de la place jusqu'à ce que celle-ci fût de nouveau en état de résister.

Elles permettaient de faire face à toutes les situations.

En effet, bien que les corps d'armée fussent cantonnés à deux journées de marche en moyenne les uns des autres, il ne fallait pas plus de deux jours et demi à l'Empereur pour les rassembler.

Un jour pour exécuter le rassemblement dans chaque corps.

Un jour pour se rendre au point central fixé pour la réunion de l'armée, une demi-journée de plus pour les corps extrêmes de Mortier et de Davout.

Or, les corps de couverture pouvaient, grâce aux retranchements élevés sur la Passarge ou sur leur front, résister à des forces très supérieures en nombre, pendant vingt-quatre heures au moins.

Une journée de marche en retraite de ces corps assurait donc à l'Empereur le temps nécessaire pour réunir le gros de ses forces.

De plus, le centre des cantonnements de la réserve de cavalerie, à Preuss-Holland, à une journée de marche de la Passarge, permettait d'amener dès le deuxième jour un puissant renfort aux corps de couverture.

Bennigsen marchait-il sur la basse Passarge ? Les corps attaqués de Bernadotte et de Soult, couverts sur leur flanc droit par celui de Ney, se repliaient après avoir défendu le passage de la rivière et ne cédaient le terrain que pied à pied en attirant l'ennemi dans la direction d'Elbing—Dantzig ; ils donnaient ainsi le temps à Napoléon de rassembler au point voulu les corps de Davout, de Mortier, de Lannes, la Garde et la réserve de cavalerie et de se porter avec toute cette masse sur le flanc gauche de Bennigsen pour le jeter à la mer.

L'armée russe venait-elle attaquer sur la haute Passarge? Les corps de Soult, Ney, appuyés par celui de Davout, exécutaient la même manœuvre en se retirant dans la direction de Thorn; ils amenaient ainsi Bennigsen à présenter le flanc droit aux corps de la masse de manœuvre, comme nous le verrons plus loin.

Enfin, si les Alliés, qui tenaient la mer, voulaient renouveler la tentative de débarquement sur Weichelmunde avant que la place soit remise en état de résister, les corps de Mortier et de Lannes, à une journée de marche de Dantzig, pouvaient facilement renforcer le maréchal Lefebvre et donner le temps à l'Empereur d'accourir avec les forces nécessaires pour obliger l'ennemi à se rembarquer.

Napoléon n'avait donc rien à craindre.

Pendant la durée du siège, il avait espéré que la large étendue des cantonnements de son armée, si favorable à la réfection des forces physiques de ses soldats, inciterait Bennigsen à sortir de son inaction et l'amènerait, après avoir tenté une trouée sur la

Passarge, à attaquer ses corps avec le secret espoir de les battre séparément, avant qu'ils eussent le temps de se rassembler.

Pour toute précaution, il avait prescrit qu'à partir du 1er mai, chaque jour les troupes sortiraient de leurs cantonnements pour se livrer aux exercices, aux manœuvres, aux travaux de campagne destinés à renforcer les postes.

Pour inspirer aux Alliés une plus grande confiance, deux fois Napoléon leur avait offert d'entrer en négociations, le 26 février et le 29 avril. Il savait à l'avance que ses offres ne seraient pas accueillies; les Russes n'avaient pas été suffisamment vaincus à Eylau pour accepter ses conditions. Ces tentatives ne pouvaient donc avoir d'autre but que celui d'enhardir les Russes, afin de les amener à une bataille pour sauver Dantzig.

Mais depuis la chute de cette place (24 mai), qui rendait disponibles le corps du maréchal Lefebvre et toute l'artillerie du siège, la supériorité numérique de l'armée française se trouvait tellement augmentée qu'il n'y avait plus lieu de supposer que Bennigsen prendrait l'offensive.

Napoléon se disposait donc à marcher sur lui pour en finir, lorsque, par une inconséquence inexplicable, l'armée russe se mit en mouvement.

De son côté, depuis l'attaque de Villemberg (10 mars), l'armée russe était restée immobile dans sa position de Heilsberg.

Appliquant à l'inverse le principe : se disperser pour vivre, se réunir pour combattre, ne sachant pas davantage utiliser les ressources du pays ami où elle vivait, elle manquait de vivres et se consumait sur place.

N'osant pas risquer une bataille pour sauver Dantzig, son chef se contentait de démonstrations qui n'obtenaient même pas l'honneur d'attirer un instant sur elles l'attention de l'Empereur.

Quoi qu'il en soit, le 4 juin, à la veille de reprendre les hostilités, sa situation était la suivante :

Le gros de l'armée, sous les ordres immédiats de Bennigsen, était à Arnsdorf; il se composait de trois divisions de la cavalerie de l'aile droite et de l'aile gauche.

Deux divisions avec Doctorow occupaient Neuhoff.

Le corps de Gortschakoff, Rapkeim.

Les corps de Platow et de Knorring, les environs de Bergfriede.

La Garde impériale, Bevern.

Le corps de Kamenskoï servait de réserve à la division prussienne du général Rembew vers le bois de Lilienthal. Lestocq était en marche sur Spanden, formant le corps de l'aile droite.

Le corps de l'aile gauche, sous les ordres du comte Tolstoï, était sur la Narew, en face de Masséna.

En résumé, l'armée russe présentait deux masses séparées par les marais de Pologne, celle de gauche sur la Narew, celle de droite, comptant 116.000 combattants, répartis en face de la couverture française, sur une étendue de 90 kilomètres, d'après le sytème en cordon.

Ainsi donc, à l'envers du sens commun, Bennigsen, qui avait tenu ses forces étroitement concentrées dans le camp d'Heilsberg pendant de longs mois d'inaction, les dispersait tout à coup au moment d'agir.

Le 5 juin, Bennigsen met en mouvement ses innombrables colonnes (7 sans compter celle de Lestocq) qu'il dirige sur autant de points de la ligne française.

La colonne Docterow devait attaquer les postes de la rive droite de la Passarge, les rejeter sur la rive gauche, laisser une garde aux points de passage, puis remonter la rive droite de manière à couper les communications entre le corps du maréchal Ney et celui du maréchal Soult.

La deuxième colonne, sous Saken, avait ordre de marcher d'Arnsdorf sur Wolfsdorf; composée de trois divisions et de la cavalerie des deux ailes, elle devait former elle-même plusieurs colonnes d'attaque contre le maréchal Soult, d'une part, contre le corps de Ney, de l'autre.

La troisième colonne, sous les ordres du prince Bagration, laissant une forte réserve entre les villages de Peterswald et de Zechern, devait tourner les retranchements et les abatis qui couvraient la position de Ney.

Pour cela, elle avait à se diriger sur Altkirch par Gronau. Le prince Bagration espérait que cette manœuvre favoriserait l'attaque de la principale colonne qui suivait la route d'Heilsberg, pour se déployer entre Glottau et Knopen.

La quatrième colonne, formée par le prince Gortschakoff, devait passer l'Alle et se porter sur le flanc droit du maréchal Ney.

La cinquième colonne, composée des cosaques de Platow, devait passer l'Alle à Bergfriede entre Guttstadt et Allenstein, afin de déborder la droite de la ligne française et gagner, si possible, les derrières de l'ennemi.

La sixième colonne, comprenant la Garde impériale sous les ordres du grand-duc Constantin, devait marcher sur Petersdorf où elle attendrait des ordres.

La septième colonne avait pour mission d'attaquer la tête de pont de Spanden.

Enfin, à l'extrême droite, le général Lestocq devait faire des démonstrations sur Brauensberg, afin d'attirer sur lui l'attention des Français et d'augmenter leur incertitude.

Bennigsen espérait, grâce aux forêts, aux lacs de cette contrée obscure, soustraire ses mouvements à Napoléon et le surprendre dans ses cantonnements.

La disposition en demi-cercle des cinq colonnes, dont les deux extrêmes partaient à 20 kilomètres l'une de l'autre, avec le corps du maréchal Ney pour point de direction, était pour lui une conception qui devait assurer infailliblement la destruction du corps du maréchal.

Aussi, dut-il être fort désappointé, le 6 au soir, du résultat obtenu : à peine quelques centaines de prisonniers, deux pièces de canon et un équipage.

Jomini prétend que, si les Russes avaient agi vigoureusement. la perte de Ney était certaine.

Nous nous permettons de penser autrement. A notre sens, l'échec de Bennigsen est dû, non au manque de vigueur de ses troupes, mais à sa mauvaise stratégie, au déploiement prématuré de son armée, enfin à cette erreur, qui ne lui fut pas personnelle car elle a été renouvelée par bien d'autres : voùloir manœuvrer un ennemi qui n'a pas été préalablement fixé.

Les colonnes russes, dirigées concentriquement sur leur objectif (le corps du maréchal Ney), comme si celui-ci devait rester immobile, à l'image d'un plastron, vinrent frapper dans le vide, parce que le maréchal Ney, averti à temps par son service de sécurité du danger qui le menaçait, exécuta un rapide mouvement de retraite qui le fit échapper à l'enveloppement. Et il en arrivera toujours ainsi, chaque fois que l'un des deux adversaires voudra manœuvrer l'autre avant de lui avoir enlevé sa liberté de manœuvre, c'est-à-dire avant de l'avoir attaqué et fixé avec une partie de ses forces.

Nous n'avons exposé avec quelques détails le plan du généralissime russe que pour mieux montrer l'abîme qui sépare le concept de Bennigsen de celui de Napoléon ; nous resterons désormais du côté français pour étudier les ordres donnés par l'Empereur au fur et à mesure que les renseignements lui parviennent et pour essayer d'en dégager la portée.

5 juin. — Napoléon apprend que Ney est attaqué le 5 juin.

A 2 heures de l'après-midi, il écrit de Finkenstein ce qui suit au maréchal Bernadotte :

Le maréchal Ney me mande qu'il a été attaqué aujourd'hui à 6 heures du matin.

Est-ce une affaire comme la vôtre (provoquée le 3 juin par le faux départ de Lestocq) ou une attaque sérieuse?

J'ai ordonné la réunion de toute ma cavalerie; tout va être en mouvement, quoiqu'il soit peu probable qu'après avoir laissé prendre Dantzig, l'ennemi tente une affaire générale.

Cependant, il faut penser que, s'il veut faire quelque chose, ce sera sur Guttstadt.

Napoléon ne croit pas d'abord à une attaque sérieuse pour les raisons que nous avons données plus haut. Depuis la prise de Dantzig, en effet, le corps du maréchal Lefebvre est devenu disponible et a été réparti entre les corps de Lannes et de Mortier, qui se sont trouvés considérablement augmentés.

Cependant, il prend ses précautions et son premier soin est de porter sur le point dangereux la réserve de cavalerie qui est la première prête.

Si l'ennemi veut faire quelque chose, c'est sur Guttstadt qu'il portera ses efforts.

Napoléon suppose que Bennigsen aura la tentation de se jeter sur son ancienne ligne de communications par Thorn, que son adversaire croit toujours être la même, alors que l'Empereur l'a reportée sur Marienbourg depuis que Dantzig est en sa possession.

A la même heure, l'Empereur écrit au maréchal Davout :

Une lettre du maréchal Ney m'annonce qu'il a été attaqué ce matin. Est-ce une attaque sérieuse ou une escarmouche? Il faut toutefois se préparer.

Le maréchal Ney, s'il voit qu'il ait affaire à des forces trop considérables, doit se retirer sur Deppen.

Dans le cas de retraite du maréchal Ney, je désire que vous souteniez son flanc droit pour que son mouvement se fasse sans désordre et sans pertes.

A 5 heures, au maréchal Soult :

Tout porte à croire qu'il y a un mouvement chez l'ennemi, quoiqu'il soit absurde de sa part d'engager une affaire générale, aujourd'hui que Dantzig est pris.

Je serais fort aise que l'ennemi voulût nous éviter d'aller à lui.

Mon projet était de me mettre en mouvement le 10.

J'imagine que vous aurez appelé à vous toute votre cavalerie.

Si le maréchal Ney est obligé d'évacuer Guttstadt, dans le cas où il se retirerait sur Deppen, je vous prie de porter votre attention sur sa gauche et de favoriser sa retraite.

Si ce n'est pas une escarmouche, si l'ennemi attaque avec des forces considérables, le corps de Ney a l'ordre de se retirer lentement sans désordre et sans pertes : lentement pour gagner le temps nécessaire au rassemblement des réserves, de la masse, sans désordre et sans pertes, car tout engagement à fond ne pourrait être que préjudiciable au résultat final.

Dans la crainte que Ney ne se trouve accablé et ne coure le risque d'être enveloppé, il prescrit aux généraux Davout et Soult de soutenir ses flancs.

L'Empereur n'ajoute pas qu'il est nécessaire d'entraîner l'ennemi dans la direction de Deppen, sur la route de Thorn; il sait que Bennigsen ira tout seul.

Il est enchanté de se voir attaqué, tant il est certain que l'ennemi court à sa perte, comme le prouve sa lettre du 6 à son grand chancelier Cambacérès, dans laquelle il instruit celui-ci des mouvements de retraite *voulus* de ses corps, afin qu'il soit à même de démentir les faux bruits qui pourraient en résulter dans le public; il ajoute : « Mes réserves sont en marche et, quand vous lirez ceci, de grands événements auront eu lieu. »

Jusqu'à présent, l'Empereur n'a donné que des ordres préparatoires en vue d'un mouvement présumé de l'ennemi.

Mais, lorsque dans la soirée du 5, il apprend que Ney s'est retiré sur Deppen et que tous les postes de la Passarge ont été attaqués, des ordres sont envoyés :

Au 1er corps, de s'attacher à couvrir Elbing et Preuss-Holland;

Au maréchal Soult, de faire tous ses efforts pour se maintenir à Mohrungen et, s'il ne le pouvait pas, de se concerter avec le maréchal Ney et de se diriger sur Saalfeld;

Au maréchal Ney, dont il approuvait la retraite sur Deppen, de se placer dans les intervalles des lacs en avant de Liebemuth pour défendre les routes qui les traversent;

Au général Zagonschek, appelé de Mlava à Gilgenbourg, de suivre le mouvement de l'armée en couvrant son flanc droit;

Au grand-duc de Berg, de diriger sur Osterode les divisions Grouchy, Milhaud, Latour-Maubourg; sur Mohrungen, les divisions Espagne, Saint-Sulpice, Nansouty; sur Deppen, la division Lasalle;

A la Garde, au corps de réserve (maréchal Lannes), au maréchal Mortier : de se rendre à Saalfeld.

Le plan de l'Empereur est très simple et nous semble très clairement manifesté par les ordres qui précèdent : tandis que les corps de couverture se replieront devant l'armée russe en lui disputant le terrain, mais sans se compromettre, le gros de l'armée se rassemblera à Saalfeld, à une petite marche de Liebstadt, de Ramten et d'Osterode. De ce point, il sera en mesure de se porter sur le flanc gauche de Bennigsen, si le général russe prend le premier corps (Soult) pour objectif; sur son flanc droit, si, comme il le suppose de préférence, son adversaire se fourvoie sur son ancienne ligne de communications par Thorn.

Or, Liebstadt et, plus en arrière, Mohrungen, Ramten et Osterode sont des points obligés pour l'armée russe, dans cette région coupée de lacs et de forêts; ils sont éloignés les uns des autres de 15 kilomètres en moyenne, soit une demi-journée de marche. Les corps de Soult, Ney et Davout, qui doivent les occuper et les défendre, semblent, à première vue, être insuffisants pour les conserver en face de forces considérables; mais, si l'on consulte une carte détaillée de cette contrée, on se rend très bien compte de la possibilité pour eux d'exécuter les ordres de l'Empereur sans se compromettre.

Quant au 1er corps, il doit s'attacher à couvrir Elbing et Preuss-Holland contre Lestocq et garantir la ligne de communications de l'armée contre les incursions du corps prussien.

6 juin. -- Le 6 juin, Napoléon écrit au maréchal Ney la lettre suivante :

Finkenstein, midi.

Depuis hier, le maréchal Mortier, la réserve d'infanterie (Lannes) et la réserve de cavalerie sont en mouvement.

Il est donc convenable de tenir dans votre position (Deppen) si cela vous paraît prudent et, lorsque vous vous retirerez, de marcher le plus lentement possible, d'abord derrière Deppen, ensuite derrière les lacs que je vous ai fait désigner (en avant de Liebemuth).

Je réunis toutes mes forces. Mon plan d'opérations dépend de la position que, vous et le maréchal Soult, vous aurez lorsque je serai en mesure.

Au reste, il faut au moins tout le jour de demain.

Napoléon ne peut, en effet, prévoir ce que fera l'ennemi à vingt-quatre heures d'intervalle, mais ce qui lui importe, c'est d'avoir la liberté de faire ce qu'il voudra quand il sera en mesure, c'est-à-dire le 7.

Dans la soirée du 6, la situation s'éclaire complètement; aussi les ordres de l'Empereur deviennent-ils de plus en plus précis.

Voici celui qu'il adresse au maréchal Davout à 8 heures du soir, 6 juin :

L'ennemi a été repoussé devant le prince de Pontecorvo et le maréchal Soult, il a pris le parti de se dégarnir devant eux pour se porter avec plus de forces sur le maréchal Ney.

Le maréchal Ney est vis-à-vis Deppen, le prince de Pontecorvo et le maréchal Soult occupent encore leurs têtes de pont.

Dans cette situation, il est urgent que vous soyez réuni à Osterode avec toutes vos forces, ainsi que les deux divisions de dragons que vous commandez et à la rencontre desquelles il faut envoyer.

Vous pourrez appuyer ainsi le flanc droit du maréchal Ney.

Toute mon infanterie de réserve et ma cavalerie se réunissent à Saalfeld et à Mohrungen, moi-même je serai à Saalfeld.

Il ne faut rien laisser à Allenstein et faire tout évacuer sur Marienwerder, car c'est par Marienwerder, Marienbourg, Dantzig qu'est ma ligne d'opérations.

L'ennemi manœuvre comme si ma ligne d'opérations était sur Thorn.

Vous aurez choix de positions à Osterode, qui en offre de si avantageuses pour retenir l'ennemi s'il avance jusque-là.

Vous êtes l'extrémité de ma droite ; jusqu'à présent, mon intention est de pivoter sur vous.

Je compte sur le courage de votre corps d'armée et sur votre fermeté, mais beaucoup de canons et de bonnes positions, afin, à tout événement, de gagner tout le temps possible.

D'après les ordres qui précèdent, la Garde, les corps de Lannes, de Mortier ont reçu avis de se rendre à Saalfeld où ils seront réunis le 7 (le corps de Mortier, le plus éloigné, y arrivera, en effet, dans la nuit du 7 au 8).

A 12 kilomètres de Saalfeld, à Mohrungen, la réserve de cavalerie, à l'exception de trois divisions mises à la disposition de Davout et de Ney, est déjà rassemblée.

Sous le couvert du 5e corps (Soult), du 6e (Ney), et du 3e (Davout), les corps indiqués plus haut et la réserve de cavalerie vont former une masse de manœuvre dont l'Empereur pourra disposer dès le 8 au matin, selon les circonstances.

Selon les mêmes ordres, le maréchal Ney a été invité à se replier lentement sur la route de Deppen à Liebemuth par Ramten, démasquant en ce dernier point la route de Thorn.

La route que doit suivre ce corps traverse un terrain extrêmement boisé et couvert de lacs qui facilitera l'exécution du mouvement de retraite. A l'extrémité de ce long défilé est Liebemuth où Ney pourra résister une journée entière contre les efforts de l'armée russe, à qui il sera impossible de se déployer et, par conséquent, d'utiliser sa supériorité numérique.

Parallèlement à ce mouvement du 6e corps, doit s'exécuter, sur la route de Ramten à Osterode, la retraite des éléments du 3e corps, en position à Ramten pour y soutenir le 6e corps au passage de ce défilé. Ils seront recueillis à leur tour à Osterode par le gros de leur propre corps d'armée, qui trouvera en ce point (comme l'indique l'Empereur) un terrain propice à la résistance contre des forces très nombreuses.

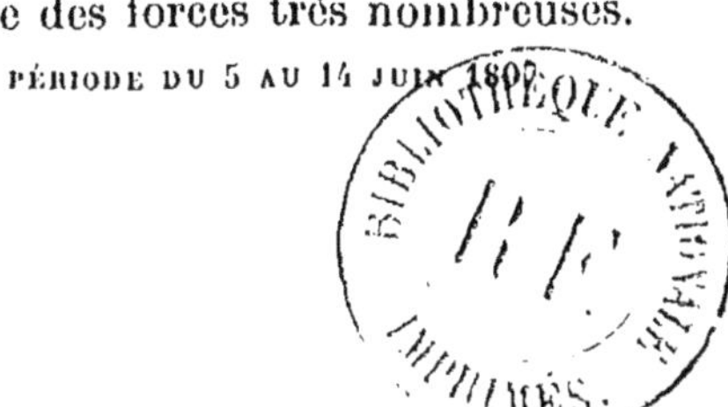

Couvert sur sa droite par un lac immense, relié à Ney par la route de Liebemuth à Osterode, qui est protégée par des marécages infranchissables, le commandant du 3e corps n'a pas à craindre d'être tourné.

Ces mouvements demandent, pour être exécutés, la journée du 7, et la journée du 8 sera employée par les corps de Ney et de Davout à maintenir de front l'armée russe, si celle-ci se laisse entraîner sur les routes de Liebemuth et d'Osterode, à la suite des deux corps français.

Si donc, comme l'Empereur a lieu de le supposer après avoir lu le rapport de Ney à la suite des journées du 5 et du 6, l'armée russe continue son mouvement en avant dans la direction de Thorn, elle se trouvera arrêtée de front par le 3e corps (Davout) et le 6e corps (Ney) à Osterode et Liebemuth pendant que la masse (réserve d'infanterie, Garde, Lannes, réserve de cavalerie, à laquelle le corps de Soult sera venu se joindre, en partie du moins), manœuvrera soit de Saalfeld sur Liebemuth, soit de Mohrungen sur Ramten.

Dans le cas où Bennigsen, après avoir repoussé Ney, au lieu de s'engager dans la direction de Thorn, s'en prendrait au corps de Soult et marcherait de Deppen sur Liebstadt, il trouverait en face de lui la réserve de cavalerie et le 5e corps, sur son flanc gauche le corps de réserve d'infanterie, Mortier, la Garde, et, sur ses derrières, Ney et Davout qui reprendraient l'offensive.

D'une manière comme de l'autre, l'ennemi courait à une perte certaine s'il continuait, pendant la journée du 7, son mouvement en avant.

Mais, pour que cette manœuvre ait porté tous ses fruits, il eût fallu que ceux-ci eussent été initiés à la pensée stratégique de l'Empereur.

Ney, qui avait admirablement manœuvré le 5, opposa, dans la journée du 6, une résistance trop opiniâtre, qui découragea Bennigsen.

De son côté, Davout, ne sachant pas qu'il entrait dans le plan de Napoléon d'entraîner l'armée russe le plus loin possible sur la route de Thorn, croyant Ney très compromis par sa retraite sur Deppen, crut bien faire, pour le tirer d'embarras, en usant d'un stratagème.

Se rappelant l'effet produit quelques mois auparavant sur Bennigsen par la dépêche adressée à Bernadotte, qui contenait tout le plan de l'Empereur et qui avait été interceptée par des cosaques, il reprit l'idée pour sauver Ney.

Dans la matinée du 6, il écrivit au maréchal Ney pour le prévenir que si l'ennemi continuait à le poursuivre, il allait, avec 40.000 hommes, marcher sur ses derrières, et que l'Empereur était prêt à le suivre avec toutes ses réserves.

Il remit cette lettre à un officier du 2ᵉ chasseurs et lui indiqua le chemin à suivre pour la porter, de manière que cet officier ne pût manquer de tomber entre les mains de l'ennemi.

En effet, cet officier fut enlevé le jour même et sa dépêche remise immédiatement au général en chef.

L'effet produit par cette dépêche, ainsi que la résistance trop accentuée du maréchal Ney devant Deppen jetèrent Bennigsen dans la plus grande hésitation, suspendirent son mouvement en avant et le sauvèrent.

Nous résumons succinctement les événements du 7 et des journées suivantes pour arriver aux manœuvres préliminaires de la bataille de Friedland (1).

______

(1) Il eût été intéressant de suivre de près le 6ᵉ corps dans la retraite, les 5 et 6 juin.

A notre grand regret, nous n'avons pu réunir qu'un petit nombre de renseignements, encore bien incomplets, sur les mouvements exécutés par le maréchal Ney pendant ces deux journées. Nous les résumons ainsi qu'il suit :

Le 5 au matin, le prince Bagration attaque les avant-postes français à Altkirch. Trois coups de canon donnent l'alarme dans les cantonnements; en un instant, les deux divisions Bisson-Marchand sont rassemblées. Elles se disposent à défendre leurs positions, lorsque la colonne Saken entre en ligne dans la direction de Wolfsdorf.

Ney, se voyant attaqué par des forces très supérieures en nombre, menacé d'être tourné, donne l'ordre d'évacuer Guttstadt et de se replier en toute hâte dans la direction de Deppen, sous la protection d'arrière-gardes qui sont laissées successivement en arrière, de position en position, pour retarder la marche de l'ennemi.

Arrivées à hauteur d'Aukendorf et d'Heiligenthal et sorties du cercle d'enveloppement dans lequel l'ennemi avait voulu les enserrer, les deux divisions s'arrêtent et font demi-tour.

Au prix de quelques centaines de prisonniers, de deux pièces de canon et de son équipage, Ney a repris sa liberté de manœuvre. Pendant la nuit, il fait défiler sur la rive gauche de la Passarge les blessés et les bagages, afin d'alléger encore ses mouvements, et il se prépare, dans la journée du 6, à défendre pied à pied les 6 kilomètres qui le séparent de Deppen.

Lorsque les Russes se présentèrent, le 6 au matin, ils trouvèrent les deux divisions rangées en échelons qui se débordaient les uns les autres.

Chaque échelon, avant de se retirer, fournissait son feu, chargeait même à la baïon-

Informé de l'arrêt survenu dans la marche des Russes, Napoléon donna immédiatement des ordres pour passer à l'offensive.

Il se porta de sa personne à Deppen, près du maréchal Ney, se faisant suivre de la Garde impériale, de la réserve d'infanterie (Lannes), des divisions Lasalle, Nansouty, Espagne, Saint-Sulpice et Grouchy.

Le maréchal Mortier, qui devait arriver dans la soirée à Saalfeld, reçut l'ordre également de se rendre à Deppen.

La division Latour-Maubourg fut envoyée au maréchal Soult, celle de Milhaud resta affectée au maréchal Davout.

Enfin, ce dernier fut invité à se lier à la droite du maréchal Ney et le maréchal Soult dut franchir la Passarge à Elditten, Pittehnen, puis se diriger sur Wolfsdorf.

8, 9 et 10 juin. — Bennigsen ne jugea pas prudent d'attendre le choc, il se mit en retraite sur Guttstadt où il passa l'Alle le 9, et regagna son camp d'Heilsberg par la rive droite.

Le même jour, Napoléon fit traverser la Passarge à ses corps et les dirigea sur Guttstadt.

Le grand-duc de Berg, avec la réserve de cavalerie, forma l'avant-garde; il était soutenu par le corps du maréchal Ney; le corps de réserve et la Garde suivaient à petite distance; le maréchal Mortier était encore à une journée de marche en arrière.

Le maréchal Davout passa la Passarge en amont de Deppen et dut se rapprocher de Guttstadt.

Le maréchal Soult, après une rencontre près de Wolfsdorf avec

---

nette, après quoi il se repliait, laissant à l'échelon suivant le soin de contenir les Russes. Lorsque la cavalerie menaçait de charger, les échelons se formaient en carré et la repoussaient.

Par suite de la direction concentrique qui avait été donnée aux colonnes russes, dès leur point de départ, et avant qu'aucun combat eût été engagé avec le 6e corps, ces colonnes, arrivées à hauteur du lac de Quetz, cessèrent d'avoir l'espace pour manœuvrer; la colonne de gauche, celle du prince Gortschakow, fut obligée de s'écarter du centre pour contourner le lac.

Le maréchal, voyant qu'il n'a plus à craindre d'être débordé sur son flanc droit, saisit l'à-propos, reprend l'offensive et réoccupe le village d'Aukendorf qu'il s'était vu obligé d'abandonner.

Grâce à la capacité manœuvrière de ses troupes et à ces sortes de remises de main opportunes, le maréchal Ney parvint à tenir tête, avec 15.000 hommes, à 50.000 Russes, ne leur cédant que 6 kilomètres de terrain pendant toute la journée que dura la lutte.

Avant la nuit, il exécuta le passage de la Passarge sous la protection de son artillerie, et vint prendre position sur la rive gauche avec tout son corps d'armée.

la colonne de Kamenskoï, reçut l'ordre de l'Empereur de se diriger sur le même point (Guttstadt).

A Glottau, Murat pressa l'arrière-garde russe qui voulait défendre l'accès de Guttstadt.

Dans la soirée la position des corps était la suivante :

Le corps de Soult à Altkirch ;

La réserve de cavalerie, les corps de Ney, de Lannes, la Garde à Guttstadt ;

Le corps de Davout à Knopen et Aukendorf.

Le 10 juin, l'Empereur prit ses dispositions pour porter son armée devant le camp retranché d'Heilsberg.

Les ordres donnés par l'Empereur dans cette partie de la campagne de 1807 sont tous extraits de la correspondance ; ils sont peu nombreux, ils suffisent néanmoins pour comprendre sa manœuvre et le rôle qu'il voulait faire jouer aux corps de la Passarge en cas d'attaque. Or, nous pouvons assimiler ces corps à des troupes de couverture placées en avant d'une armée disséminée dans de larges cantonnements à laquelle il faut un certain temps pour se rassembler.

Examinons le dispositif initial. Nous voyons deux masses séparées par un intervalle de 125 kilomètres. L'une faible (1 corps, Masséna, à Varsovie), l'autre, très forte (3 corps, Bernadotte, Soult et Ney) ; elles sont placées sur les lignes de marche de l'ennemi et proportionnées comme importance aux probabilités d'attaque.

Laissons de côté le corps de Masséna, qui avait une mission spéciale à remplir, pour ne nous occuper que de la masse interposée entre l'Alle et le Frische-Haff.

A l'exception du corps de Ney, qui, plus exposé, est plus concentré, les corps de Bernadotte et de Soult occupent, sur la Passarge, des cantonnements en largeur ; les points de passage de cette rivière étant nombreux, il fallait que tous fussent gardés : de là, l'obligation de s'étendre. Pour rendre à cette longue ligne une puissance défensive plus grande, des retranchements avaient été élevés sur les points importants. Ceux du 6e corps furent même l'objet d'un renforcement particulier. Ils devaient permettre de résister à un ennemi très supérieur en nombre, l'obliger à montrer ses forces et surtout de gagner du temps.

En avant de ce dispositif, la cavalerie des corps d'armée éclairait.

En arrière, la réserve de cavalerie était dispersée dans des cantonnements très éloignés les uns des autres ; elle pouvait cependant être rassemblée en vingt-quatre heures. Elle procurait ainsi le moyen à Napoléon de porter, sur un point quelconque de la couverture, un rapide et puissant renfort de 21.000 sabres. Son centre de rassemblement était à Preuss-Holland, en face du point de jonction des 1er et 5e corps, c'est-à-dire à peu près au centre de la couverture, car le corps de Ney formait flèche en avant des deux autres. En arrière et à droite du 6e corps, bien qu'en seconde ligne, les forces du maréchal Davout étaient disposées en échelon débordant, prêt à appuyer le maréchal Ney dont le flanc extérieur allait vers l'ennemi et se trouvait, par suite, garanti contre tout mouvement tournant vers le sud.

Nous avons vu de quelle manière s'était comporté le 6e corps en face de l'attaque subite et violente de toute l'armée russe, au moment où ses soldats se reposaient, pleins de quiétude, dans leurs cantonnements.

Le premier soin de son chef est d'échapper, par une prompte retraite, à l'étreinte qui le menace de toutes parts ; mais, dès qu'il a reconquis sa liberté d'action, c'est par un combat en retraite en règle qu'il résiste à l'armée russe, c'est pour lui la seule manière de remplir sa mission : gagner du temps. La disposition générale adoptée est l'ordre en échelons pour éviter l'enveloppement des ailes ; dès que les éléments les plus avancés ont opposé à l'ennemi une résistance suffisante, ils se replient vivement en arrière sur de nouvelles positions, ils évitent ainsi l'accrochage redoutable, et cependant ils obligent l'ennemi à s'avancer en ordre de bataille, à perdre sa vitesse, par suite, du temps. Dans la journée du 6, Ney dispute ainsi 6 kilomètres de terrain en six heures, ses pertes sont insignifiantes.

L'Empereur le confirme, le 6 au soir, dans sa manière de comprendre la situation, il lui indique la ligne sur laquelle il doit continuer à combattre en retraite pour attirer Bennigsen dans la direction voulue. Des instructions identiques sont envoyées au maréchal Davout, elles sont résumées dans ces mots : « Du canon et de bonnes positions. »

Il résulte bien de ce qui précède : que les effectifs des corps de couverture ne doivent pas être disséminés uniformément sur tout le front à couvrir, mais répartis en groupes sur les lignes de marche probable de l'ennemi, en force proportionnée à leur importance; que ces groupes ont besoin d'être couverts par un service de sûreté très actif et poussé d'autant plus loin qu'ils sont plus menacés; que certaines de leurs positions défensives exigent un renforcement de la fortification passagère pour résister à un ennemi très supérieur en nombre et aussi pour gagner du temps; enfin, qu'en arrière de cette ligne une réserve puissante très mobile doit se tenir prête à se porter rapidement sur les points assaillis pour faciliter le mouvement de retraite.

Ce mouvement de retraite, dès qu'il deviendra obligé, se fera sur une direction voulue indiquée à l'avance ou au dernier moment par le commandant de l'armée, et de manière à n'abandonner le terrain que pas à pas, en ayant soin de ne pas se laisser accrocher par l'adversaire, et cela jusqu'à ce que le gros de l'armée soit rassemblé et prêt à livrer bataille.

Nous n'avons examiné que l'hypothèse d'une attaque brusque, inopinée. Supposons maintenant que le maréchal Ney ait été bien renseigné et avisé à temps des dispositions défectueuses prises par Bennigsen, de la dispersion prématurée de ses colonnes, la manœuvre du maréchal Ney eût-elle dû être différente?

En prenant une offensive vigoureuse contre l'une des nombreuses colonnes russes avec l'espoir de profiter de son isolement pour l'écraser, d'atteindre en arrière d'elle les parties vives de son armée, de bousculer ainsi tout le système d'attaque de son adversaire pour l'enrayer et gagner ainsi le temps nécessaire, n'eût-il pas résolu le problème?

Bien que cette manœuvre paraisse séduisante, car l'audace réussit souvent à la guerre et en impose toujours à l'adversaire, nous ne croyons pas que le rôle offensif appartienne à un corps de couverture aussi longtemps que l'armée à laquelle il appartient n'est pas prête à soutenir son mouvement en avant.

En allant au-devant de l'ennemi, il reporte plus loin la rencontre, il gagne de l'espace et, par suite, du temps, mais il risque aussi la défaite et l'écrasement par des forces supérieures. S'il est victorieux, sa victoire ne sera que de courte durée; car un corps, si manœuvrier qu'il soit, ne peut, dans les conditions de l'armement actuel, lutter longtemps contre une armée entière. Mais, s'il est battu, l'ennemi aura vite regagné le temps perdu, puisqu'il n'aura plus d'obstacle pour marcher sur les rassemblements adverses; quel que soit le résultat, le combat ainsi engagé ne peut donc être que préjudiciable à la conservation des forces qu'il faut maintenir aussi intactes que possible jusqu'au moment de la bataille générale qui doit être livrée à l'ennemi, toutes forces réunies.

La conclusion pour nous est la même dans les deux cas : que l'attaque ait lieu à l'improviste ou qu'elle soit éventée et prévue en temps utile, les corps de couverture ne doivent pas risquer leur destruction dans une lutte inégale, poussée à fond contre des forces trop supérieures; leur mission est de gagner du temps, de ralentir la marche de l'adversaire *par la manœuvre en retraite,* de l'entraîner, si cela leur est possible, dans une direction voulue, mais de réserver pour le moment suprême dont dépendra le sort de la patrie, tous leurs moyens de lutte.

Si on nous objecte que nous n'avons plus les soldats du maréchal Ney pour livrer sans panique ou déperdition rapide de forces morales un long combat en retraite, nous ferons remarquer que les nôtres ont entre les mains des fusils et des canons à longue portée et à tir rapide qui facilitent singulièrement leur tâche et que les forces morales, loin d'être diminuées, seront surélevées SI l'on sait montrer au soldat la grandeur de son rôle. Et si l'on nous dit encore que c'est un crime de lèse-nation d'abandonner sans combattre toute une zone frontière, nous répondrons : « Qu'importe ! si la victoire en est le prix. »

DEUXIEME PARTIE

DU 11 AU 14 JUIN

Nous avons vu que Bennigsen n'avait pas attendu le choc, qu'il s'était hâté de traverser l'Alle à Guttstadt et qu'il s'était retiré sur le camp d'Heilsberg par la rive droite de cette rivière, tandis que son arrière-garde, sous les ordres du prince Bagration, retardait la marche de Murat sur la rive gauche.

Quelles étaient les manœuvres qui se présentaient au choix de l'Empereur?

Jomini (dans la *Vie de Napoléon*) prétend que le plus habile eût été d'exécuter un mouvement général, la droite en avant, pour établir l'armée française entre Bischoffsheim et Heilsberg, la droite vers Bartenstein, la gauche vers Guttstadt.

L'armée russe, battue sur sa gauche, refoulée sur la Passarge et le Frische-Haff, eût été jetée à la mer.

Kœnigsberg pouvait, il est vrai, lui servir de refuge; mais, acculée à la Baltique, du côté de l'ouest, au Kurisch-Haff, du côté du nord, cette place n'aurait offert aucune issue à l'armée russe et, si celle-ci eût voulu se mettre en retraite sur Tilsitt, il eût été facile de la prévenir à Welhau.

C'eût été le même mouvement que celui d'Iéna et de Naumbourg contre les Prussiens.

Jomini reproche à Napoléon d'avoir pris le parti moins militaire de s'avancer droit sur le camp d'Heilsberg en faisant menacer, avec 50.000 hommes, la ligne d'opérations des Alliés sur Kœnigsberg pour les forcer d'abandonner leurs redoutes sans combat, les presser vivement dans la retraite et les entamer au passage du Prégel et du Niémen.

Il ajoute même que la manœuvre de l'Empereur était moins avantageuse et contraire aux règles de la stratégie qui ne veulent pas que l'on compromette un corps considérable en le faisant filer entre l'ennemi et la mer.

Le plan préconisé par Jomini eût amené peut-être la destruction de l'armée russe, ce qui est le but vers lequel doit tendre toute action de guerre : il eût fallu pour cela que Bennigsen voulût bien rester immobile dans son camp d'Heilsberg et qu'il laissât l'armée française exécuter son mouvement débordant, la droite en avant.

Napoléon fait de la stratégie appropriée à celle de son adversaire.

Napoléon n'était pas, en effet, sans avoir conservé le souvenir du résultat obtenu, le soir de la bataille d'Eylau, par l'arrivée de Ney à Schmoditten.

La menace pour ses communications sur Kœnigsberg avait suffi par décider le général russe à céder le champ de bataille.

Il ne pouvait donc manquer de tirer parti de cette pusillanimité, que Bennigsen, pour des motifs d'ordre politique ou d'approvisionnements, avait montrée pendant la campagne d'hiver, à plusieurs reprises, à l'endroit de Kœnigsberg.

Quant au reproche d'avoir compromis un corps considérable en le faisant filer entre l'ennemi et la mer, qui contrevient à l'une des nombreuses règles de la stratégie posées par Jomini, nous verrons plus loin si ce reproche est justifié.

Reprenons le résumé des événements depuis le 10 juin.

10 juin. — Après un combat au défilé de Bewerniken contre les arrière-gardes russes, le maréchal Soult, soutenu par Murat, vint assaillir la position prise par les Russes en avant des retranchements de la rive gauche de l'Alle, il les obligea à se replier dans leurs ouvrages, mais sans parvenir à s'en emparer, malgré l'appui de la division Verdier du corps de Lannes, arrivée à la tombée de la nuit.

Bennigsen s'était maintenu dans sa position et avait repoussé toutes les attaques des Français, mais ses pertes avaient été considérables, et ses craintes pour ses communications avec Kœnigsberg si grandes, qu'il ne voulut pas prolonger davantage la résistance.

11 juin. — La journée du 11 fut employée par lui à préparer son mouvement de retraite et à faire quelques démonstrations de cavalerie.

De son côté, Napoléon avait fait avancer le corps de Davout,
d'Altkirch sur Grossendorf, sur la route d'Heilsberg à Eylau,
tandis que les corps qui avaient pris part à l'affaire de la veille
restaient sur leurs positions, que celui du maréchal Ney, ainsi
que la Garde, étaient poussés jusqu'à Launau, celui du maréchal
Mortier jusqu'à Altkirch.

12 juin. — Le mouvement de Davout sur Grossendorf accéléra
l'évacuation d'Heilsberg par l'armée russe.

Dans la nuit du 11 au 12, celle-ci se retira sur Bartenstein en
quatre colonnes. Le lendemain 12, elle prit position entre Pol-
tzenhoff et des marais ; en même temps, Kamenskoï, avec deux divisions, fut dirigé de Bartenstein sur Kœnigsberg, par Mulhausen.

Le 12 au matin, les Français entrèrent dans Heilsberg.

Napoléon allait-il poursuivre l'armée russe sur la rive droite de
l'Alle, fournir à Bennigsen l'occasion de lui livrer des combats
d'arrière-gardes que favorisait un pays couvert d'étangs et de
forêts, lui donner le temps de se retirer derrière le Prégel, de s'y
réunir à Lestocq et d'y attendre le corps de Lebanof en marche
pour se rendre sur le théâtre des opérations?

Et l'abandon du camp d'Heilsberg, obtenu par le seul fait de
l'arrivée de Davout à Grossendorf, n'eût-il pas été une révélation
pour l'Empereur, s'il avait eu encore des doutes sur les préoccu-
pations du généralissime russe?

A notre sens, c'est en raison de cette connaissance profonde de
son adversaire, qu'il prit le parti de faire suivre l'armée russe sur
la rive droite de l'Alle, par deux divisions de cavalerie et de mettre
toute son armée en marche sur Eylau.

Pourquoi sur Eylau?

Est-ce en vue d'atteindre un objectif géographique, comme
Jomini l'en accuse?

Les ordres de Napoléon que reproduit la correspondance, notamment pendant toute la journée du 13, prouvent de toute évi-
dence que l'Empereur, en manœuvrant vers Kœnigsberg, dont
le salut tenait tant au cœur des Alliés, était certain de ramener
Bennigsen sur la rive gauche de l'Alle et qu'il préparait à ce dernier une bataille qui devait assurer sa défaite complète.

Or, les Russes ne pouvaient repasser l'Alle pour secourir Kœnigsberg qu'à l'un des trois ponts de Bartenstein, de Schippenbeil et de Friedland.

C'est donc à Eylau, qui est à 20 kilomètres de Bartenstein, à 32 kilomètres de Schippenbeil et à 30 kilomètres de Friedland, que l'Empereur devait réunir toutes ses forces pour être en mesure d'accabler son adversaire dès qu'il déboucherait de l'un de ces trois ponts.

Voici dans quelles conditions s'exécute, le 12 juin, la marche sur Eylau.

Le corps du maréchal Davout continue sa route de Grossendorf sur Eylau et s'arrête le soir à Rothenen.

Le grand-duc de Berg et le maréchal Soult suivent son mouvement, le maréchal Soult par la route de Landsberg, ayant derrière lui le corps de Lannes.

Le corps du maréchal Ney stationne à Eichhorn, à mi-distance d'Heilsberg à Eylau.

Le 1er corps, qui a quitté le 11 au soir ses positions de la Passarge, où il retenait Lestocq, doit prendre la direction d'Eylau par Mehlsack.

Le corps du maréchal Mortier occupe Heilsberg.

Napoléon établit son quartier général à Eylau, où il doit être rejoint par la Garde.

Sur la rive droite de l'Alle, la division de dragons de Latour-Maubourg et les brigades de cavalerie légère Durosnel et Wathier poursuivent l'armée russe.

Dans cette journée du 12, pendant laquelle l'armée russe marche sur Bartenstein, l'Empereur ne peut craindre qu'une chose, c'est que Bennigsen ne revienne sur ses pas pour opérer sur ses derrières, afin de resserrer l'armée française entre le bas Prégel et la mer. Bien qu'une manœuvre aussi hardie ne soit pas dans le caractère de Bennigsen, Napoléon prévoit cette éventualité et y pare en laissant le corps de Mortier à Heilsberg.

Préoccupé déjà de savoir si Bennigsen ne commence pas à déboucher, il écrit la lettre suivante à Murat :

Heilsberg, 12 juin.

Je reçois votre lettre de 2 heures après-midi.

Le maréchal Soult, passant par Landsberg, balaie tous les Prussiens, il faut donc vous éclairer sur votre droite par des partis sur Bartenstein, et d'Eylau, par des partis sur Friedland.

Ne dispersez pas vos forces et rappelez le régiment sur votre gauche, afin que vous soyez plus à portée d'envoyer de gros partis sur votre droite.

D'ailleurs, l'Empereur est prêt à tout instant à recevoir la bataille. Il a, en avant-garde, Davout et Murat.

Sur la route d'Eylau par Grossendorf, le corps du maréchal Ney et la Garde.

Sur la route d'Eylau par Landsberg, les corps de Soult et de Lannes.

En couverture du côté de Lestocq, le 1er corps; dans la région où il peut rencontrer d'un moment à l'autre Bennigsen, Davout et Murat avec trois divisions de cavalerie. En arrière, Mortier, la division Latour-Maubourg et les deux brigades légères Durosnel et Wathier.

L'Empereur peut donc faire face à toutes les éventualités.

13 juin. — D'après les dispositions qui précèdent, tous les corps d'armée pouvaient être réunis à Eylau dans la journée du 13.

Nous avons dit que Napoléon s'attendait à voir l'armée russe déboucher sur la rive gauche de l'Alle; aussi le voyons-nous prendre ses mesures dès la première heure pour se couvrir dans toutes les directions où l'ennemi peut se présenter ou lui donner des craintes, pendant que sa masse, comprenant les corps de Ney, de Victor, la Garde, trois divisions de la réserve de cavalerie, puis Mortier, va continuer son rassemblement au point central d'Eylau, entre Bennigsen et Lestocq, prête à porter, sous son impulsion, le coup décisif.

Ces détachements en couverture ont des forces proportionnées à l'importance que l'Empereur attache à leur mission.

Sur la direction de Bartenstein. — Sur la direction de Bartenstein, où il y a peu de chances de rencontrer les masses de l'adversaire, Napoléon n'envoie qu'un détachement de gendarmes d'ordonnance.

Preuss-Eylau, 13 juin.

Les gendarmes d'ordonnance iront faire une reconnaissance et pousseront, s'ils ne trouvent pas d'obstacle, jusqu'à Legienen. Ils au-

ront soin de marcher avec précaution et de s'informer avant tout s'il
y a eu des partis armés sur la route de Bartenstein à Eylau. Ils m'expédieront un ordonnance de Beisleiden. Ils feront fouiller Legienen, ils
s'informeront de tous les mouvements de l'ennemi et m'expédieront
un deuxième ordonnance pour m'informer de tout ce qu'ils auraient
appris sur ce point.

Ils m'en enverront un autre de Gros-Kœrthen.

Ils arrêteront et m'enverront au quartier général toutes les per-
sonnes qui seront parties ce matin de Bartenstein et de Schippenbeil.

Sur Domnau. — A la jonction des routes qui viennent de Friedland et de Schippenbeil et qui seront vraisemblablement suivies
par les Russes, s'ils marchent sur Kœnigsberg, le corps de Lannes
est envoyé en couverture.

Mais ce corps est encore sur la route de Landsberg dans la matinée du 13, il ne peut arriver que très tard dans l'après-midi à
Domnau en passant par Lampsach, qui est le chemin le plus court.

Sur Kœnigsberg. — Le grand-duc de Berg, avec les trois divisions
de la réserve de cavalerie, soutenu par le corps de Davout, doit
s'avancer par la route de Vittemberg.

Le corps de Soult, par la route de Kreuzbourg.

L'ensemble du détachement est sous les ordres de Murat, il
compte de 50.000 à 60.000 hommes.

Pourquoi l'Empereur dirige-t-il un détachement aussi considérable sur Kœnigsberg?

Les deux lettres à Murat et Soult, dont nous donnons ci-dessous
les extraits et que Napoléon a adressées à ses généraux dans la matinée du 13, nous permettent de croire que, dans la pensée de l'Empereur, cette mesure répondait aux deux éventualités suivantes :

Ou Bennigsen, après avoir repassé l'Alle, se portera sur Kœnigsberg par Domnau et Mulhausen;

Ou Bennigsen, dont l'armée a été réduite à 60.000 ou 65.000
hommes (sans compter le corps de Lestocq, ni celui de Lebanof
qui est encore trop éloigné pour jouer un rôle), plus clairvoyant,
ne débouchera pas sur la rive gauche de l'Alle et se hâtera de se
retirer derrière le Prégel pour en défendre la ligne après avoir
rallié Lestocq.

Dans le premier cas, comme le corps de Lannes ne peut être
rendu qu'assez tard sur ses positions (à Domnau), Murat et Da-

vout, qui se trouvent engagés sur la route de Mulhausen à Vittemberg, n'auront qu'à faire face en tête à l'armée russe pour ralentir son mouvement, tandis que Soult continuera seul à maintenir Lestocq. Ils donneront ainsi le temps à Napoléon d'accourir avec sa masse réunie sur le flanc gauche de Bennigsen et de l'acculer à la forêt de Wehlau. Si l'on remarque l'étendue considérable et marécageuse de cette forêt qu'aucune voie de communication ne traverse à cette époque (les cartes de l'époque en font foi), on devine que pas un soldat de Bennigsen n'échappera.

Dans le deuxième cas, il y a urgence à ce que Kœnigsberg tombe rapidement au pouvoir de Murat, pour que celui-ci, avec les 60.000 hommes qu'il commande, puisse remonter la rive droite du Prégel, après avoir détruit ou rejeté Lestocq et venir atteindre Bennigsen au passage du Prégel, tandis que Napoléon le pressera en queue ou en flanc après avoir passé le pont de Friedland (¹).

Preuss-Eylau, 13 juin, 11 heures du matin.

A MURAT

Le maréchal Lannes, avec son corps d'armée, se porte sur Lampsach, toute sa cavalerie se portera sur Domnau, le maréchal Davout sur Vittemberg. Le maréchal Soult est parti pour se porter sur Kreuzbourg.

Le 1ᵉʳ corps est arrivé à Landsberg; les maréchaux Ney et Mortier vont arriver à Eylau.

Poussez votre reconnaissance vivement. Si vous voyez moyen d'entrer à Kœnigsberg, vous devez de préférence y faire entrer le maréchal Soult, parce que je préfère y entrer par ma gauche.

Si l'armée ennemie arrivait aujourd'hui à Domnau, vous pourriez toujours pousser le maréchal Soult sur Kœnigsberg en plaçant le maréchal Davout pour déborder la tête de l'armée ennemie entre Domnau et Kœnigsberg.

Écrivez au maréchal Soult que si l'ennemi marche effectivement sur Domnau, il serait bien important que le *maréchal Soult s'assure de la ville de Brandenbourg,* afin que je n'aie rien à craindre pour mes communications que je prendrai par ma gauche.

Si l'armée ennemie arrive aujourd'hui à Domnau, Soult doit toujours pousser sur Kœnigsberg, tandis que le maréchal Davout et la réserve de cavalerie feraient face à droite pour tenir tête à

---

(1) La distance de Kœnigsberg à Wehlau est sensiblement la même que celle d'Eylau à Wehlau : 45 kilomètres.

Bennigsen; à défaut de Lannes qui, peut-être, n'arrivera pas à temps à Domnau, ce sont eux qui doivent entraver la marche des Russes et donner le temps à l'Empereur d'intervenir avec sa masse pour les manœuvrer; le corps de Soult est suffisamment fort (25.000 hommes) pour tenir Lestocq en respect, sinon le poursuivre.

L'Empereur croit en ce moment si bien à la bataille qui s'engagera sur la rive gauche de l'Alle, qu'il recommande à Soult de s'assurer de la ville de Brandenbourg, par où il compte faire passer sa ligne de communications.

C'est qu'en effet sa ligne par Heilsberg se trouverait trop exposée aux coups des Russes, et il veut mettre ses communications à l'abri en les reportant vers sa gauche.

Preuss-Eylau, 13 juin, 11^h 30 du matin.

AU MARÉCHAL SOULT

Je suppose que le corps prussien qui s'était réuni à Zitten a repassé la Frisching et que, si vous l'avez rencontré, vous en avez eu bon compte.

C'est qu'en effet, la disposition de marche en deux colonnes du corps de Soult par Kreuzbourg et Zitten, de celui de Davout et de la réserve de cavalerie par Mulhausen et Vittemberg, tout en assurant l'arrivée de ces deux derniers sur le champ de bataille, avait encore pour but d'enlever au corps de Lestocq toute possibilité de résister sur la Frisching.

Attaqué de front par Soult, tandis que la réserve de cavalerie et le corps de Davout allaient, d'après les ordres qui précèdent, se trouver sur la rive droite de la Frisching, le général prussien devait abandonner toute idée de résistance.

Jusqu'à cette heure (11^h 30 du matin) les mouvements de l'ennemi sont absolument indécis, des indices feraient croire qu'ils veulent se réunir sur Domnau.

Mon intention est d'occuper Kœnigsberg par l'extrémité de ma gauche qui est formée par votre corps d'armée.

Napoléon veut non seulement éloigner le corps de Lestocq du champ de bataille qu'il préconçoit, et se couvrir contre lui, mais il veut aussi s'emparer de Kœnigsberg, en vue des opérations ultérieures sur le Prégel, s'il ne se vérifiait pas que les Russes marchent au secours de Kœnigsberg.

En un mot, l'Empereur prend des dispositions répondant aux deux hypothèses évoquées plus haut : la bataille et la poursuite des opérations.

Au fur et à mesure que les nouvelles lui parviennent, Napoléon s'attend de plus en plus à voir les Russes déboucher sur Domnau.

A 3 heures de l'après-midi, il écrit ce qui suit :

AU MARÉCHAL LANNES

La brigade Durosnel est entrée à Bartenstein, l'ennemi s'est retiré sur Schippenbeil.

Murat était arrivé à 2 heures à Vittemberg.

Il me tarde d'apprendre ce qu'il y a de nouveau à Domnau.

L'ennemi n'y est pas en force, établissez-y toute votre cavalerie, pour que, de là, elle fasse, avec la prudence convenable, des reconnaissances sur Friedland.

J'ai donné ordre à la brigade Durosnel et à la division Latour-Maubourg, qui sont à Bartenstein, de se porter sur Domnau.

Je désire même que tout votre corps d'armée prenne position à Domnau, tout en s'éclairant sur Friedland.

A la nouvelle d'une dépêche du prince de Salm, il décachète la lettre pour ajouter :

Le prince de Salm m'instruit que votre cavalerie légère a son avant-garde à Georgenau.

Donnez l'ordre qu'ils poussent des postes du côté de Schœnbruck, sur le chemin de Schippenbeil.

La conviction se fait plus forte chez Napoléon, que l'ennemi va déboucher sur Domnau, probablement de Schippenbeil, mais il faut toutefois surveiller Friedland, et alors il constitue plus sérieusement le corps de couverture; la division Latour-Maubourg et la brigade Durosnel deviennent inutiles sur la rive droite de l'Alle, il leur enjoint de rejoindre Lannes qui en aura besoin.

Lorsqu'il reçoit la dépêche du prince de Salm qui lui annonce l'arrivée de la cavalerie légère à Georgenau (c'est que Lannes ne doit pas être loin de Domnau) il lui vient déjà le désir de se rendre maître de Friedland, il termine sa lettre à Lannes ainsi :

Si l'on pouvait s'emparer de Friedland, sur la rive gauche de l'Alle, on prendrait beaucoup de magasins à l'ennemi.

Portez sans retard votre corps d'armée à Domnau.

Mais la pensée de Napoléon est moins de prendre des magasins de l'ennemi, qui tomberont tout seuls après la victoire, que de s'emparer d'un point d'une si grande importance pour lui.

Ainsi donc, si Bennigsen débouche de Schippenbeil, Napoléon aura : Lannes, Latour-Maubourg, la brigade Durosnel à Domnau, occupant peut-être aussi le pont de Friedland.

A une demi-journée de marche derrière le corps de Lannes, sur la route de Kœnigsberg, Murat et Davout; il a sous sa main, à Eylau, les corps de Ney, de Mortier, et bientôt il aura aussi le 1er corps et laGarde, sans compter les trois divisions de la réserve de cavalerie (Grouchy, Nansouty, La Houssaye).

Le corps de Soult seul est opposé à Lestocq.

L'Empereur a donc bien toutes ses forces sous la main, prêtes à écraser l'ennemi d'une supériorité numérique incontestable.

Il n'y a donc pas violation du principe de l'économie des forces, car le corps de Soult est le seul qui soit distrait de l'action générale, et ses forces ne sont pas au delà de ce qui est nécessaire pour poursuivre un corps de forces égales s'appuyant sur une forteresse (1).

Le reproche que Jomini fait à Napoléon d'avoir détaché un corps considérable sans nécessité est donc complètement injustifié.

Entre 3 et 4 heures, Napoléon reçoit d'autres nouvelles de l'ennemi; notamment que le gros de l'armée russe a dépassé Schippenbeil et n'est pas encore arrivé à Friedland; alors, il juge qu'il est dès lors impossible à celle-ci de passer sur la rive gauche de l'Alle : « L'ennemi n'est plus en mesure, dit-il à Murat », et il donne des ordres pour la poursuite, en vue d'atteindre Bennigsen au passage du Prégel.

Preuss-Eylau, 13 juin, 4 heures du soir.

A MURAT

La cavalerie du maréchal Lannes est arrivée à Georgenau; elle n'a rencontré que quelques postes ennemis, ce qui suppose que le gros de l'armée ennemie n'était pas encore arrivé à Friedland.

Tout porte donc à penser que l'ennemi n'est plus en mesure.

---

(1) 15.000 Prussiens de Lestocq; 10.000 Russes de Kamenskoï, garnison de Kœnigsberg.

Envoyez des partis sur le Prégel pour rassembler des bateaux, afin d'avoir les moyens de passer cette rivière si jamais on se défendait à la tête du pont de Kœnigsberg.

L'Empereur semble vouloir avant tout, dans sa préoccupation du moment, être maître du passage du Prégel et ne plus considérer Kœnigsberg que comme un objectif secondaire.

Si on se défend à la tête de pont, il faut se munir de moyens pour passer ailleurs cette rivière, afin de ne pas perdre un instant devant la place.

Dans la soirée, une nouvelle modification se produit dans la situation : le maréchal Lannes prévient l'Empereur que le régiment de cavalerie qu'il avait envoyé à Friedland a été bousculé et que les Russes débouchent de cette ville.

Napoléon ne peut croire maintenant que ce soit l'armée russe qui passe tout entière sur la rive gauche; cela lui paraît absurde, maintenant qu'il a réuni sous la main tous les moyens de l'écraser et que Lannes est à Domnau; il suppose plus volontiers que c'est un corps ennemi qui vient défendre le passage pour l'empêcher de déboucher sur la rive droite et de tomber sur le flanc ou les derrières de Bennigsen.

A 9 heures du soir, il écrit la lettre suivante au maréchal Lannes :

Preuss-Eylau, 13 juin, 9 heures du soir.

AU MARÉCHAL LANNES

Un officier d'ordonnance arrive à l'instant, *il ne me donne pas assez de renseignements pour me faire connaître si c'est l'armée ennemie qui débouche par Friedland, ou seulement un parti.*

Dans tous les cas, la division Grouchy est en marche pour se rendre près de vous et commander votre cavalerie. Le maréchal Mortier se met en mouvement avec son corps d'armée.

Selon les nouvelles que je recevrai, je ferai partir à 1 heure du matin le maréchal Ney pour vous soutenir.

Dans le doute où il se trouve, Napoléon renforce le corps de Lannes, mais il veut attendre de nouveaux renseignements avant de mettre en mouvement Ney, le 1er corps, la Garde; il ajoute :

Murat est aux portes de Kœnigsberg, on entend une vive canonnade contre le corps de Lestocq; il paraît que le maréchal Soult a atteint à Kreuzbourg l'arrière-garde de Lestocq.

La fusillade et la canonnade n'ont duré qu'une demi-heure, ce qui fait supposer que cette arrière-garde a été culbutée.

Le grand-duc n'attendait que de savoir que Domnau n'était pas occupé par l'ennemi pour marcher avec l'infanterie sur Kœnigsberg.

C'est bien là une nouvelle preuve que le détachement de Murat (corps de Davout et les trois divisions de la réserve de cavalerie) devait, dans la pensée de l'Empereur, pendant la première partie de la journée du 13, former couverture en cas de besoin entre Domnau et Kœnigsberg; mais, lorsque Lannes est arrivé à Domnau, l'ennemi n'est plus en mesure d'aller plus loin, il n'y a plus à retenir Murat. A partir de ce moment, l'Empereur a hâte de se savoir maître de Kœnigsberg ou, plus exactement, de la rive droite du Prégel en vue de la poursuite des opérations.

Si, par renseignements, vous avez été certain que l'ennemi n'était pas en forces, je suppose que vous serez entré à Friedland et que vous vous serez rendu maître de ce poste important.

Le 1ᵉʳ corps sera à Domnau, s'il est nécessaire, demain avant 10 heures du matin.

Napoléon revient encore à la fin de sa lettre sur sa conviction que ce ne peut être qu'un parti qui est maître de Friedland et, pour engager Lannes à pousser ferme sur ce point, il lui promet, pour 10 heures du matin, l'arrivée du 1ᵉʳ corps.

A 10 heures du soir, la situation n'est pas plus éclaircie du côté de Friedland; Napoléon suppose même que Lannes s'est emparé de cette ville et il presse Soult d'entrer dans Kœnigsberg, qu'il sait incapable de résister.

Preuss.-Eylau, 13 juin, 10 heures du soir.

AU MARÉCHAL SOULT

On a entendu une canonnade à Kreuzbourg; j'imagine que vous avez eu le bonheur d'atteindre Lestocq. Vous avez déjà eu des nouvelles du grand-duc de Berg, il était, à 6 heures de l'après-midi, au delà de la Frisching, à Gollau (1).

Le maréchal Davout est sur la Frisching; le maréchal Lannes à Friedland.

----

(1) La position de la réserve de cavalerie à Gollau, à 6 heures du soir, est encore une preuve de plus que si la bataille avait eu lieu dans la journée du 13, elle était à même d'y prendre part, ainsi que le corps de Davout qui marchait derrière elle.

Les maréchaux Ney et Mortier marchent sur Domnau, le 1er corps est à Eylau.

Faites entrer vos troupes le plus tôt possible dans Kœnigsberg et emparez-vous de cette ville, aucuns préparatifs de défense n'y ont été faits.

Je m'attends à ce que demain avant midi vous serez dans Kœnigsberg.

A partir de ce moment, nous n'avons plus trouvé d'ordres de l'Empereur pour suivre sa pensée jusqu'au lendemain 14.

Ce qui nous semble certain, c'est qu'il ne dut être fixé que très tard, et qu'il eut beaucoup de peine à croire que toute l'armée russe avait défilé dans Friedland.

D'après le général Oudinot (1), les premiers aides de camp qu'il envoya furent accueillis avec incrédulité; il en envoya jusqu'à six pour sa part : « Dites à l'Empereur que mes petits yeux y voient bien, et que toute l'armée russe est là. »

Le corps de Victor et la Garde furent ébranlés à leur tour pour marcher sur Friedland, mais il semble qu'il ne fut convaincu qu'après avoir fait lui-même la reconnaissance du champ de bataille, car ce n'est qu'à 3 heures de l'après-midi, devant Friedland, qu'il envoya l'ordre suivant au grand-duc de Berg :

Devant Friedland, le 14 juin, à 3 heures de l'après-midi.

AU GRAND-DUC DE BERG

La canonnade dure depuis 3 heures du matin, l'ennemi paraît être ici en bataille avec son armée; il a voulu d'abord déboucher sur Kœnigsberg; actuellement, il paraît songer sérieusement à la bataille qui va s'engager.

L'Empereur veut alors avoir toutes ses forces sous la main et il revient à sa combinaison de la veille lorsqu'il s'attendait à voir paraître l'armée russe sur la route de Domnau—Vittemberg.

Sa Majesté espère que vous serez entré à Kœnigsberg (une division de dragons et le maréchal Soult suffisent pour entrer dans cette ville) et qu'avec deux divisions de cuirassiers et le maréchal Davout vous aurez

____

(1) Oudinot avait le privilège de communiquer directement avec l'Empereur, bien qu'il fût sous les ordres de Lannes.

marché sur Friedland, car il est possible que l'affaire dure encore demain.
Tâchez donc d'arriver à 1 heure du matin.

Si l'Empereur suppose que l'ennemi est en très grande force, il est possible qu'il se contente aujourd'hui de le canonner et qu'il vous attende.

Cependant, après une reconnaissance plus minutieuse de la position des Russes, Napoléon, voyant dans quelle situation périlleuse Bennigsen avait placé son armée dont les deux ailes s'appuyaient à l'Alle et n'avaient que les ponts de Friedland pour s'écouler en cas d'échec, ne voulut pas laisser à l'armée russe le temps d'échapper au désastre qu'il pouvait lui infliger, et il décida de l'attaquer sur-le-champ.

En un clin d'œil son plan fut arrêté et l'ordre suivant, qui est devenu classique, fut dicté devant Posthenen et envoyé aux maréchaux ou commandants de corps :

Le maréchal Ney prendra la droite depuis Posthenen jusqu'à Sortlach, et il appuiera à la position actuelle du général Oudinot. Le maréchal Lannes fera le centre qui commencera à la gauche du maréchal Ney jusqu'à peu près le village de Posthenen; les grenadiers du général Oudinot, qui forment actuellement la droite du maréchal Lannes, appuieront insensiblement à gauche pour attirer sur eux l'attention et les forces de l'ennemi.

Le maréchal Lannes repliera ses divisions autant qu'il le pourra et, par ce ploiement, aura la facilité de se placer sur deux lignes.

La gauche sera formée par le maréchal Mortier, tenant Heinrichsdorf, la route de Kœnigsberg, et, de là, s'étendant en face de l'aile droite des Russes. Le maréchal Mortier n'avancera jamais, le mouvement devant être fait par notre droite qui pivotera sur la gauche.

La cavalerie du général d'Espagne et les dragons du général Grouchy, réunis à la cavalerie de l'aile gauche, manœuvreront pour faire le plus de mal possible à l'ennemi, lorsque celui-ci, pressé par l'attaque vigoureuse de notre droite, sentira la nécessité de battre en retraite.

Le général Victor et la Garde impériale à pied et à cheval formeront la réserve et seront placés à Grümehoff, Posthenen et derrière Posthenen.

La division de dragons Lahoussaye sera sous les ordres du général Victor, celle du général Latour-Maubourg obéira au maréchal Ney, la division de grosse cavalerie Nansouty sera à la disposition du maréchal Lannes.

L'Empereur sera à la réserve au centre.

On doit toujours avancer par la droite et on doit laisser l'initiative du mouvement au maréchal Ney, qui attendra les ordres de l'Empereur pour commencer.

Du moment que la droite se portera sur l'ennemi, tous les canons de la ligne devront doubler leurs feux dans la direction utile pour protéger l'attaque de la droite.

Ainsi nous voyons l'Empereur pendant les journées du 12 et du 13, c'est-à-dire aussi longtemps qu'il n'est pas fixé sur la direction nouvelle prise par l'armée russe depuis qu'elle lui a échappé à Heilsberg, faire successivement l'emploi de plusieurs détachements dont la mission n'est autre que celle que le général Langlois attribue aux détachements de toutes armes, et celle que préconisait, dans ses instructions au 14e corps, le général de Lacroix, gouverneur de Lyon.

Ils ont pour but soit de poursuivre ou de rechercher l'adversaire, soit de le contenir et de l'accrocher pour donner le temps au gros de l'armée de se porter au point voulu.

Dès que Napoléon a pris la résolution de marcher sur Eylau, il se couvre d'abord contre Lestocq avec le corps de Soult, puis, momentanément, contre un retour improbable, mais possible, de l'armée de Bennigsen par Heilsberg, avec la division Latour-Maubourg et les deux brigades légères. Cette cavalerie est lancée sur la route de Bartenstein par laquelle ont fui les Russes, et, comme elle peut ne pas suffire à elle seule à sa tâche, le corps de Mortier est maintenu à Heilsberg pendant la durée de la marche sur Eylau. Malheureusement, cette division de cavalerie et le corps d'infanterie n'ont pas été placés sous un même commandement, il en résulte que la cavalerie seule ne parvient pas à crever le rideau formé par l'arrière-garde des Russes, ceux-ci se dérobent sans qu'elle s'en aperçoive; le 13, elle était encore devant Bartenstein lorsque les Russes débouchaient à Friedland. C'est alors que, devenant inutile sur la rive droite, Latour-Maubourg est rappelé par ordre de l'Empereur et vient prendre part à la bataille de Friedland. Quant au corps de Mortier, il rejoignait dans la journée du 13 le gros de l'armée à Eylau.

Revenons au corps de Soult. Ce dernier, bien que placé nominalement sous les ordres de Murat, n'en continuait pas moins à obéir aux ordres directs de l'Empereur. Sa mission était complexe, il devait non seulement protéger l'armée sur son flanc gauche contre Lestocq, détruire ce dernier ou l'enfermer dans Kœnigsberg, mais encore couvrir la nouvelle ligne de communications de l'armée, qui ne passait plus par Heilsberg, mais par Brandenbourg depuis la marche sur Eylau. Il ne dépasse pas la Frisching le 13, et se trouve à même de rallier la masse; le 14, il est le seul de tous les corps détachés avec une des divisions de la réserve de cavalerie, qui, dans les prévisions de Napoléon pour le cas où la lutte continuerait encore le 15 (ordre du 14 juin à 3 heures), ne prendra pas part à l'action générale.

Dans la journée du 12, l'armée russe a échappé à l'œil de la cavalerie de Latour-Maubourg et s'est dérobée; d'autre part, on avait appris vaguement que deux divisions russes avaient déjà passé sur la rive gauche de l'Alle pour rejoindre les Prussiens; les rapports et reconnaissances de Davout indiquaient que ce corps russe était remonté dès le 12 de Bartenstein sur Domnau et Kœnigsberg, l'Empereur pouvait donc craindre que le gros de l'armée russe, qui avait commencé sa retraite dans la nuit du 11 au 12, ait déjà passé l'Alle à Schippenbeil et soit en marche sur Domnau. Il était, par suite, nécessaire de l'arrêter en tête jusqu'à ce que l'armée fût réunie. De là, à notre sens, le premier objectif du détachement de Murat et Davout, en marche sur la route de Kœnigsberg sur les traces de Kamenskoï : se tenir prêt à faire face à droite pour déborder la tête de l'armée ennemie si celle-ci arrivait le 13 à Domnau (ordre du 13 juin, 11 heures du matin).

C'est bien là une mission de détachement de couverture, et sa composition répond au rôle assigné (3 divisions de cavalerie et 1 corps d'armée commandé par Davout, le plus manœuvrier des généraux de l'Empire).

Mais lorsque dans l'après-midi, Napoléon suppose que Lannes est arrivé à Domnau et qu'il y a précédé l'armée russe, puisqu'il n'y a pas eu de combat, l'ennemi, pour lui, n'est plus en mesure, car il va avoir tout son monde dans la main; alors il lance Murat sur Kœnigsberg, non seulement dans le but de s'emparer de cette forteresse qui est sans défense, mais pour avoir le passage du Prégel assuré : « Réunissez tous les bateaux » (ordre du 14 juin, 4 heures du soir), et précéder Bennigsen sur sa dernière ligne de défense. La mission du détachement de Murat et Davout cesse d'être de couverture en avant de l'armée pour devenir, avec l'appoint du corps de Soult, qui, lui aussi, a l'ordre de marcher sur Kœnigsberg, une mission stratégique.

C'est alors le corps de Lannes qui va en remplir le rôle. On ne peut, en effet, dire que ce corps soit une avant-garde, puisque le gros de l'armée est toûjours immobile à Eylau et que Domnau est à une demi-journée de marche de cette ville. Il va être renforcé de la division de Latour-Maubourg, devenue inutile sur la rive droite de l'Alle, puis, successivement, au fur et à mesure que les nouvelles préciseront que les Russes débouchent de Friedland, par les dragons de Grouchy et les cuirassiers de Nansouty (nous retrouvons encore la proportion de trois divisions de cavalerie pour un corps d'armée).

Lorsque enfin l'Empereur ne peut plus guère douter que l'armée russe ne soit tout entière à Friedland, la masse est ébranlée, le corps de Mortier en forme l'avant-garde, il arrive entre 8 et 9 heures du matin sur le champ de bataille.

Une observation au sujet de la manœuvre de Lannes. Nous avons vu que le maréchal Lannes avait reçu l'ordre de l'Empereur, le 13 au soir, de reprendre Friedland à la cavalerie russe.

Lannes n'avait à ce moment auprès de lui que la division Oudinot et les deux brigades légères de son corps d'armée (la division Grouchy n'arriva à Domnau qu'à 3 heures du matin). Malgré la fatigue des troupes, Oudinot reçut l'ordre de marcher avec ses grenadiers sur Friedland; il y arriva à la pointe du jour, mais il trouva cette ville occupée par des forces supérieures; ramené, il vint prendre position, la droite avec deux bataillons au bois de Sortlach, le centre derrière le ravin qui descend du bois de Sortlach et passe à l'est de Rothenen avant de se réunir au ruisseau du Moulin, la gauche refusée et adossée à la lisière du bois dans la direction d'Heinrichsdorf. Il n'avait, pour tenir toute cette étendue, que dix bataillons et les dix-huit pièces de la division.

Lorsque Lannes arriva, les Russes avaient jeté un masque devant Posthenen, pendant qu'une partie de leurs troupes s'avançait sur la route de Heinrichsdorf.

Le maréchal Lannes ne pouvait plus songer alors qu'à exécuter les instructions qui lui avaient été données précédemment, fixer l'armée russe, si celle-ci débouchait de l'Alle.

Bien qu'il n'eût sous la main que les forces dont nous avons parlé ci-dessus, il donna l'ordre d'attaquer les Russes.

Grâce à des prodiges d'habileté, à la mobilité qu'il sut donner à ses troupes, utilisant les couverts et les mouvements du terrain pour dérober ses mouvements et faire apparaître et déployer à propos sur divers points, les quelques bataillons dont il disposait, grâce aussi aux renforts qui lui arrivèrent successivement, la division de cuirassiers Nansouty d'abord, puis la division Dupas, du corps de Mortier, à 9 heures, sa 2e division Verdier à 10 heures, grâce enfin aux remarquables manœuvres de cavalerie de Grouchy à Heinrichsdorf, il parvint, par son attitude agressive, à donner le change à Bennigsen, et à lui faire croire qu'il avait devant lui des forces plus considérables que celles qu'il s'attendait à rencontrer.

Mais si Bennigsen, plus clairvoyant, eût marché résolument en avant et abordé en masse le front mince et étendu de Lannes, celui-ci eût subi un désastre s'il avait persisté à vouloir arrêter sur place la marche de Bennigsen dont les forces étaient de deux à trois fois supérieures aux siennes.

Comment aurait dû agir alors le commandant de cette couverture ?

Il nous semble, si nous avons bien compris la pensée de l'Empereur, qu'il devait se retirer dans la direction de Kœnigsberg, par Heinrichsdorf et Abschwangen pour entraîner Bennigsen qui ne demandait qu'à le suivre, et aviser de sa détermination l'Empereur ainsi que Davout et Murat, qu'il savait derrière lui vers Kœnigsberg.

En exécutant à temps sa retraite, il ne risquait pas de se faire écraser et il donnait le temps à l'Empereur d'accourir avec toute sa masse pour manœuvrer Bennigsen.

Celui-ci, maintenu en tête par Lannes, par Davout et Murat revenus sur leurs pas, selon l'ordre du 14, à 3 heures ; assailli sur son flanc gauche par Ney, Victor, Mortier, la Garde ; acculé à la forêt marécageuse et infranchissable de Wehlau, eût subi un désastre encore plus complet que celui de Friedland.

C'eût été la bataille que Napoléon paraît avoir conçue et préparée dans la matinée du 13. Au lieu du 14, elle aurait eu lieu le 15.

Mais il eût fallu, pour que Lannes pût agir avec autant d'in-

dépendance, qu'il eût été initié à la pensée de l'Empereur, et
nous avons déjà vu combien cette méthode de commandement
était contraire au tempérament de Napoléon.

En résumé, l'Empereur emploie successivement, comme couverture, le 12 juin, Soult et Mortier; le 13, ce dernier rallie la
masse et c'est Davout et Murat qui en remplissent le rôle dans la
matinée du 13; enfin (quand il est en mesure), c'est Lannes à son
tour qui en fait l'office dans l'après-midi du 13 jusqu'au lendemain 14, et cependant, à l'exception du corps de Soult et d'une
division de la réserve de cavalerie, aucune des grandes unités de
l'armée n'est distraite de l'action générale qui, commencée le 14
au soir, devait, dans les premières prévisions de Napoléon, durer
jusqu'au lendemain 15, ce qui se serait certainement produit si
Bennigsen n'avait pas commis, d'une manière si ostensible, la
faute d'acculer son armée à l'Alle et si la nôtre avait mis moins
d'ardeur et d'acharnement à remporter tout de suite la victoire.

Ces détachements, dont nous venons de voir l'Empereur faire
l'emploi, sont fortement constitués en cavalerie; ils comprennent
une ou plusieurs divisions de cette arme et un corps d'armée
entier. Obligés d'opérer à grande distance, une journée de marche
et même plus, ils étaient composés de telle façon qu'ils pouvaient
livrer avec leurs seules ressources un combat pendant une journée
entière contre des forces très supérieures. Ney lutte pendant deux
jours, les 5 et 6 juin, contre la plus grande partie des forces russes,
Lannes pendant une demi-journée, le 14, contre toute l'armée de
Bennigsen. Mais, de nos jours (1), grâce au nouvel armement à
longue portée et à tir rapide de l'infanterie et de l'artillerie, un
détachement d'un effectif bien moins considérable, composé des
trois armes, peut résister aussi longtemps contre des forces supérieures si son chef n'accepte le combat qu'aux grandes distances.
En effet, la poudre sans fumée lui permet de dissimuler la fai-
blesse de ses forces; le tir rapide des armes, de multiplier ses effets;
leur longue portée, d'obliger l'ennemi à se déployer très loin, et,
dès qu'il a obtenu ce résultat, il peut se soustraire par un mouvement de retraite au combat rapproché.

---

(1) « La force et la durée de résistance des détachements mixtes de toutes armes
augmentent chaque jour avec les progrès de l'armement. » (Général LANGLOIS.)

De plus, il y a à considérer un autre fait nouveau : les prises de contact sont très longues, les grandes batailles modernes durent plusieurs jours, il est donc facile de rappeler à temps les détachements envoyés sur les directions excentriques qui auraient frappé dans le vide. Leur emploi à grande distance pouvait être condamnable autrefois, parce qu'ils présentaient trop le risque d'échapper à la direction du commandement suprême, et d'arriver trop tard pour prendre part à la lutte, dont la durée se terminait généralement avec la tombée de la nuit.

Les difficultés de communication, jadis si grandes et qui rendaient si précaire, pour les raisons ci-dessus, l'emploi de ces détachements, sont actuellement vaincues depuis que le télégraphe, le téléphone sont devenus d'usage courant. Le commandement pourra maintenant rester à tout instant en liaison directe avec ces détachements et les manœuvrer comme s'ils étaient dans sa main, suivant l'expression consacrée.

Nous venons d'examiner, en empruntant des exemples à un passé glorieux, les résultats que donne l'emploi des détachements mixtes. Devenus plus souples et plus faciles à manœuvrer, ils procurent au chef le moyen d'augmenter ses combinaisons, de ruser avec l'ennemi, de le tromper en l'amenant à faire de faux départs, de percer ses rideaux ou de lui en mettre devant les yeux, de ralentir la marche de ses colonnes. Ils deviennent tout particulièrement des organes de premier ordre, dans la défensive, pour conduire les préliminaires de la lutte; dans l'offensive, pour recueillir les renseignements que la cavalerie seule avec ses canons est actuellement impuissante à donner.

TABLE DES MATIÈRES

Situation des Français et des Russes le 4 Juin 1807.

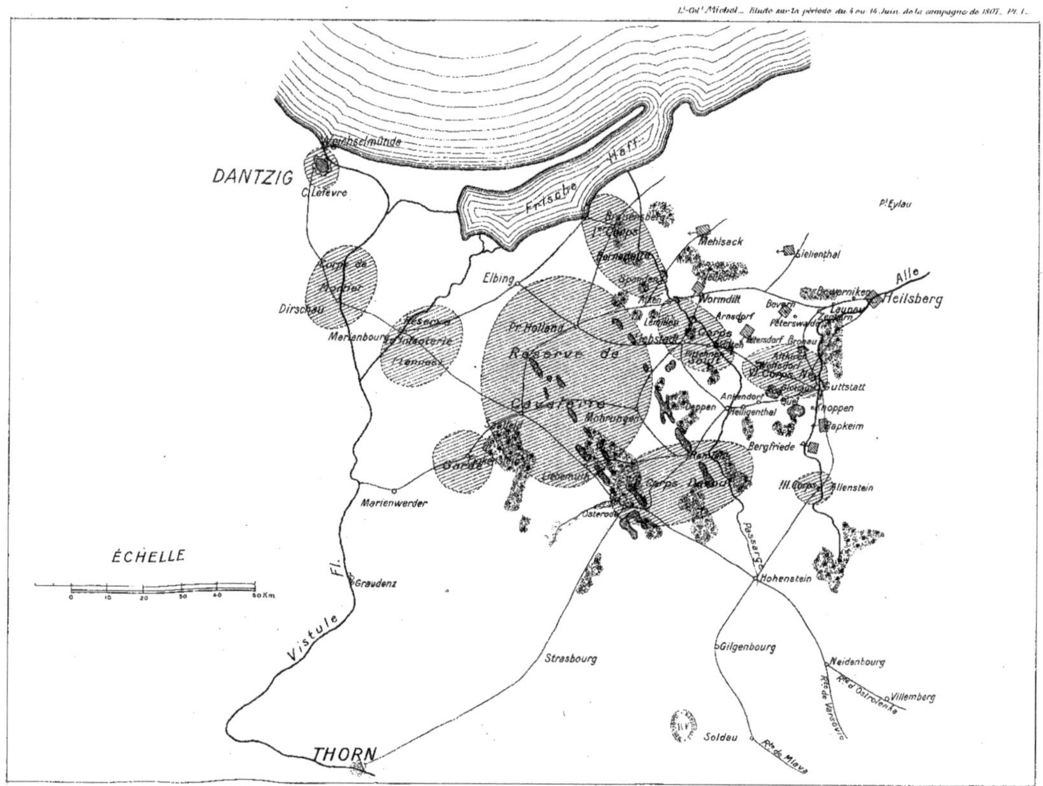
L.-Col. Michel — Étude sur la période du 4 au 14 Juin de la campagne de 1807. Pl. I.
DANTZIG
Weichselmünde
C. Lefèvre
Frische Haff
Pt Eylau
Braunsberg
1er Corps
Mehlsack
Lilienthal
Bernadotte
Alle
Spanden
Wormditt
Bavern
Wernikes
Heilsberg
Elbing
Pfen
Launau
Corps de
Arnsdorf
Peterswalde
Mortier
Lemitau
Pr. Holland
Corps
Saalfeld
Arnsdorf Breuau
Dirschau
Réserve
Saalstedt
Attkirch
Marienbourg
Infanterie
Guttstatt
Ganisch
Réserve de
IIe Corps
Anhendorf
Knoppen
Cavalerie
oppen
Heiligenthal
Wapkeim
Mohrungen
Bergfriede
Gardienen
Liebemir
Corps Davoust
III. Corps
Allenstein
Marienwerder
Osterode
Échelle
0 10 20 30 40 50 Km.
Passarge
Graudenz
Hohenstein
Vistule Fl.
Gilgenbourg
Neidenbourg
Strasbourg
Villemberg
Rte de Varsovie
Rte d'Ostrolenka
Soldau
Rte de Mlava
THORN

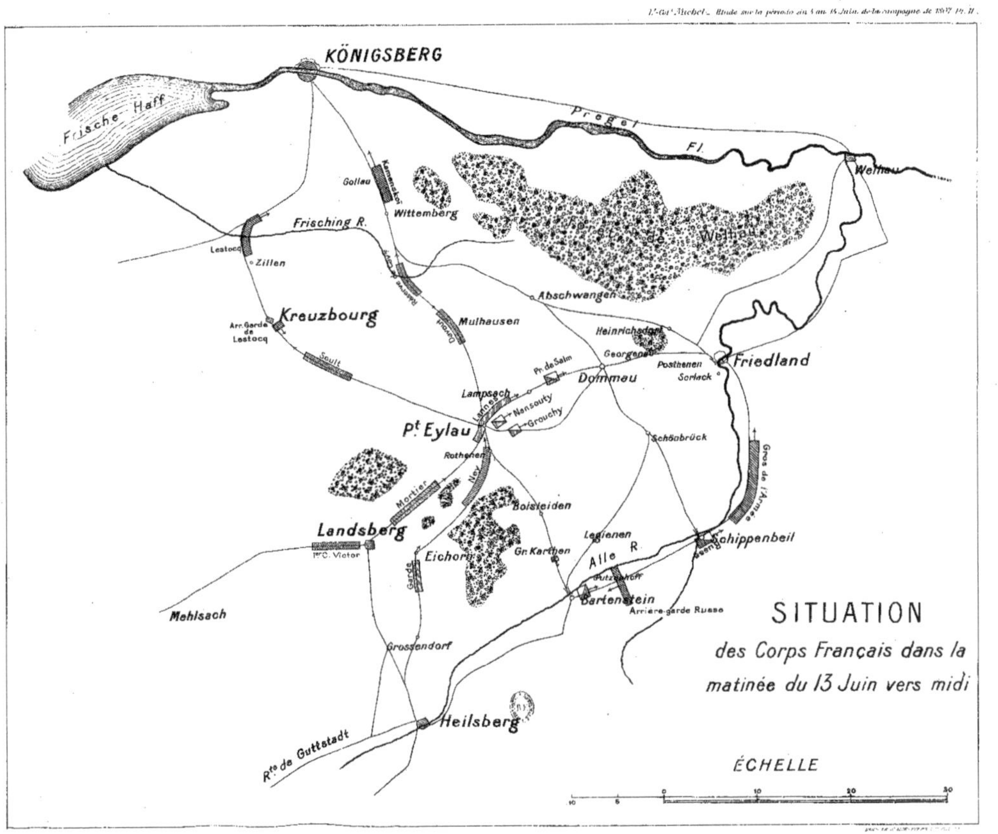

L.-Gal Michel – Étude sur la période du 5 au 15 Juin de la campagne de 1807 Pl. II
KÖNIGSBERG
Frische Haff
Pregel Fl.
Wehlau
Gollau
Kamradten
Wittemberg
Frisching R.
Leatocq
Zillen
Abschwangen
Die Wehlau
Kreuzbourg
Arr. Garde de Leatocq
Mulhausen
Heinrichsdorf
Georgenau
Soult
Pr. de Salm
Dommeau
Posthenen
Sorlack
Friedland
Lampsach
Nansouty
Grouchy
Pt Eylau
Rothenen
Schönbrück
Gros de l'Armée
Mortier
Boisleiden
Landsberg
1er C. Victor
Garde
Eichorn
Gr. Karthen
Legienen
Alle R.
Schippenbeil
Mehlsach
Bartenstein
Arriere-garde Russe
Grossendorf
Rte de Guttstadt
Heilsberg
SITUATION
des Corps Français dans la
matinée du 13 Juin vers midi
ÉCHELLE
10   5   0   10   20   30

9 782019 954703